JN408954

SEA OF POET
— Life is Beautiful Peoples —
시인의 바다

그리움 하나

시인의 바다 | 제21집 |

도서출판 천우

| 발간사 |

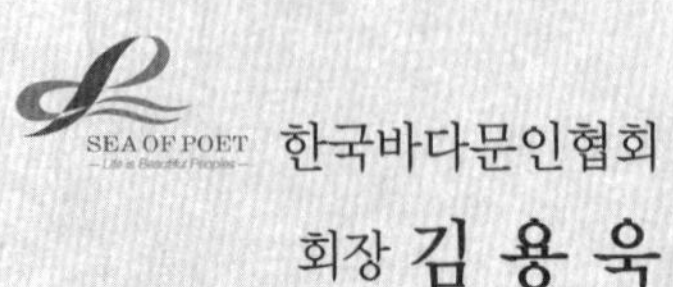

한국바다문인협회
회장 **김 용 욱**

21이란 단순 숫자와 21년이라는 햇수의 무게 차이를 비교해 보면서
인문학은 왜 인류이 바탕이 돼야 하는지 생각해 봅니다.

또한
작가는 자기 작품에 무한 책임이 존재한다는 사실을
다시금 곱씹어 봅니다,
작가는 글로써 자기 존재가치를 말해야 한다 라는 것입니다.

이번 제21집을 상재하면서
오롯이 우리 작가들의 자기감정과 자기정서 자기사상 등이
가감 없이 진하게 색칠된 작품들을 보며 무게를 느낍니다.

바다문인협회는 참 정(情)을 기반으로 상호 문학을 연구하고 고민하며
문학의 저변 확대를 위하여 함께해 왔고 궁극적으로 자기발전을 목표로 함께한
세월 21년이 우리를 고이 품어 왔으리라 여깁니다.
그 숫자가 살이 찔수록 그 품 또한 창대할 것이며
그 끈 또한 더욱 굵고 단단하게 자랄 것이라 확신합니다.

모든 학문의 저변에 문학이 존재하듯이
사회 질서와 삶의 질을 향상시킴에도 문학이 존재하고
국가의 인재 등용의 뿌리 또한 문학이 존재해 왔습니다.

이렇듯
문학, 특히 시는 아름다운 인성을 키우고 세우며 정화하는
무한의 힘을 소유한 인류 사회의 필수불가결(必須不可缺)한 요소인 것입니다.

언어의 마술사라고 부르는 시인은 경험(Reality)을 바탕으로 많은 상상력을 동원하여
시대의 변천과정에 따라 창조적 언어를 발굴하고 구현해야 할
책임이 있습니다.

동인지라 함은
어쩌면 그런 것들을 실험 연구하고 발전시키는 중요한 기회이며 이런 기회를 통하여
동질성도 확인하고 자아 발전의 디딤돌이며 마당인 것입니다.

저는
특별한 달란트(Talent)를 보유하고 계신 시인 여러분들을 존경합니다.

더욱 아름답고 광활한『시인의 바다』
한국바다문인협회를 사랑합니다.

- 2023년 가을에

다시
詩를 만나다
가연
한편의 詩
한잔의 茶

아름다운 동행
문학탐방
Cafe daum net. 시인의 바다

EDIYA

| 차례 |

초 대 시

배 문 석

(사)국제PEN한국본부 이사 · 인문정보화위원회 위원장
(사)한국문인협회영등포지부 고문, 문학인신문 논설주간
남촌상생협동조합 수석부이사장, 한국문학신문 편집위원
계간문예작가회 자문위원, (사)한국통일문학회 이사
바다문인협회 고문, 선진문학예술협회 고문
시와 늪 심사위원, 담쟁이문학 고문
영등포예술인총연합회 수석부이사장
문학과학통섭포럼 상임대표

시집 『격렬비열도 날개 달다』『시를 팔다』 외 5권
칼럼선집 『인간의 사회적 통섭 조건』 외 2권

수상 제1회 경북일보문학대전 수상
제8회 해양문학상, 국보문학 대상
제4회 영등포문학 대상, 계간문예작가상
제1회 대한민국시인상 금상 수상
제9회 항공문학상 수상

여자의 달 외 1편

배 문 석

어둠 깊은 계곡에 달이 뜬다
태곳적 고요의 바다였을
달의 순례다

때가 되면 문을 열고 닫는 거룩한 의식 속에
거느린 달의 종족들은
얼마나 개펄을 숭배하는지

잠시 머물렀을지 모를
달이 누운 그 자리에
바다 것들은 생을 위한 걸음으로 쉴 틈이 없다

세상은 돌고 어둠이 기어드는 줄기에
신비의 샘에서 순례의 주기율이 차오르면
붉고 신비로운 달이 솟는다

아스라한 깊이로 숨어들었던
여자가 거느린 달,
처음의 순수였을 오직 하나뿐인 달,

첫 번을 위한 경전을 오롯이
달 속에 감추고
깊은 곳에서 심지 올린 여자의 달이 얼굴을 내민다

의식을 치러야 할 개펄의 종족을 위해 내민
태고의 바다가 문을 연 거기
장엄한 펄밭 온통 달빛 천지다

날개를 접는다는 것은

햇살이 날개를 접는다는 것은
볕을 말리거나
그늘 속에 빛살을 잡아매는 쪽이다

한때는 줄이 긴 탈출 가방들이
썰물처럼 쓸려갔다 밀물처럼 밀려오는 일도
햇살 접는 일과 무엇이 다르랴

깊은 침묵 속에 잠긴 기차역은 또 얼마나 무겁게 눈을 뜨는지

종점을 향한 기차 소리가
등대를 등진 뱃고동 소리가
모두 날개를 접기 위해 되돌아가는 귀향의 외침이다

귀향이란 모두가 소리로 가득한 날개를 펴는 일이다
백두산을 떠나 강바닥에 몸을 푼 호사비오리도
남녘 향한 소리를 입고 날개를 폈다 접는다

벗들도 접혀갔을 그 길
나도 그 날개를 달고 접혀가지 않을까
접히기 전 오래 묵힌 기차를 타고 싶다

설해 방 혜 숙

한국바다문인협회 전회원

망초꽃 사랑놀이 외 1편

설해 방 혜 숙

한없이 기다리다
원 없이 사랑하고 가버린다
부르다가 죽을 이름이라도
끝까지 포기할 수 없는
꽃이라 더 아름답다

흰머리 날리더라도
푸른 꿈으로 꼿꼿이 서서
작열하는 태양도 삼켜버릴 만큼
뜨거운 감동의 사랑 놀음 한판이다
하늘도 감당 못 할 뜨거움
망춧꽃이 바람을 부르는 열정이다
세상을 덮어갔던 그리움
살면서 부대낀 질긴 인연들
그저 웃고만 있는 너는
피고 지는 일이 그다지 힘들지 않다 했던가

노란 마음에 하얗게 웃는 모습
너 때문에 오늘이 무한 행복이다

간월도의 아침

겨울 나그네
안식의 발길로 쉼을 튼다
길인 듯 물인 듯
보이는 것은 잠깐
물속 길은 아직 연연하다

물이 차면 파도소리
길이 차면 인간 소리
간월도의 아침은
붉은 정열을 타고 넘어온 염원일까

오고 갔던 애증의 발길들
물속 깊이에서 봉곳이 솟아오른다
거품을 타고 올라온 파도소리
간월도 전설의 사랑을 아침에 담는다
갈매기도 아는 듯 그저 부산하기만 하다

시작노트

살아오 날 들었던 책망과 칭찬이 많았습니다

좌절도 희망도 함께 했지만

그 속에서 성장을 하며 자라왔지요

올해의 詩는 제 삶에서 생각하고

느꼈던 작은 일들로 저의 마음을 표현했습니다

모든 시간이 꿈처럼 지났습니다

오랜 시간 동안 기도와 책망과 칭찬으로 함께해 주신

모든 분께 감사의 인사를 올립니다

건강하시고 평안하세요

김 복 녀

충북 옥천 출생

월간 『문학세계』 시 · 수필 등단

(사)한국문인협회 회원

한국바다문인협회 회원

시의전당문인협회 회원

정형시조 『美』 회원

공저 『끈, 이어지다』 외 다수

그대 지지 말아라 외 7편

김 복 녀

메마른 가지에서 싹이 튼다
계절을 잊은 듯 살아가는
현실의 마당에서 돌아보는 삶

봄은 언저리에서 놀지 않았다
이름조차 알 수 없고
소생하지 못할 것 같은
풀뿌리에도 생명을 불어넣었다

꿈꾸듯 봄 동산을 누빈다
목련, 개나리, 벚꽃, 민들레, 쑥부쟁이
와 달라 부탁하지 않았어도 돌아왔다

반가운 사람들의 눈웃음
겨우내 움츠렸던 몸과 마음 탓에
툭 치고 지나가는 심술부려도

나에게 기대어 봐요
저의 봄 동산에 오신 걸 환영합니다
토닥토닥 마음을 열게 하는
사랑스러운 봄

아무 일도 없는 듯 오월

싹둑싹둑 칼날에 잘려 나간
비 젖은 풀 향은 멀리 퍼져나간다

꺼져가는 촛불 하나
내면 깊은 곳에서부터 솟는
오월 항쟁은 죽음의 성으로 덧입혀지고
머릿속이 부서지도록
이어지는 어둠속에서
총검에 쓰러진 민초들 울먹인다

가슴을 치며 쓸어내리던 날이
어제 오늘은 아니건만
아직도 마르지 않는 눈물

하 언제쯤 그댈 보낼까

간절한 보고픔에
한 송이 흰 국화꽃은 저 심연 속 깊이
파고드는데

기억 한 줌

함박눈이 내리고 있을 때
추위에 웅크린 겨울나무 가지에서
백설의 꽃이 그렁그렁 피었다

금방 사라질 꽃이란 걸 알면서도
주머니에 넣은 한 송이 눈

거리는 눈의 왕국으로 변해 갔고
어제 산 구두는 그 속에 묻혔다

아 어떡해
속상함이 온몸을 덧입혔고
애써 참으려 한 불만이 쏟아졌다

새 구두가 물로 배 채워졌을 때
시린 발끝으로 떨어지던 눈송이
하 그런 때가 있었구나

아스라이 스치는 기억의 강추위와
수북이 쌓인 하얀 길 위를 걷는다

껴안다

촘촘히 뿌리 내린
조그만 상처 하나
거울로 비춰보니
가시가 간데없다

옹이진 심연의 뜰 안
박혀 있던 송곳 못

커다란 해일 속에
의연히 맞서 싸워
이렇게 서 있으니
못다 이룬 꿈 있어도

위로를, 시침질하듯
한 땀 한 땀 살아온 날

까닭 모를

드러낼 수 없어 타들어가는 속내
어두운 길에서

나는
빨갛게 물들어가는
여린 몸에 그댈 담았습니다

결국 당신을 향한 마음에
걷다 울컥했지요

별빛은
하나의 점들로 이어져
꽃무릇으로 활짝 피어지니

그대 한 마디 묻고 싶습니다
그토록 사랑했던 날 기억하고 있는지

아직도...

몸에 맞지 않는 옷

햄버거 반쪽, 딸기 5알
삶은 달걀 2개에 커피 한 잔

40여 분 걷는 출근길이
역류해 올라오는 음식물로
걷기가 힘들었다

모처럼 진수성찬 밥상
흐뭇함으로 채워진 아침이
하나만 더 한 번만 더 하는 사이에
사라진 음식, 위장 안이 넘쳤다

하, 욕심이 잉태한즉

상하지 말자고 매일 당부하는
내 몸에 진정성이 없는 듯해
오늘도 후회 또 후회를 한다
적당히 먹고 폭식하지 말자고

안부를 묻다 2

잠시 머물던 노을 속에서
발견한 소중함이 있어요

그대 있어 내가 있고
지금의 멋진 우리가 있다는 것을

행여 당신께
못 다한 사랑, 못 다한 말 있어도
언제나 사랑하고 존경합니다

당신은
내 안의 자긍심이기에

선물

유난히 좋아했었어
아름다운 여인의 모습을 숨기며
가을 뜨락을 지키던 순수의 꽃
오가는 길에
구절초 한아름 안겨주면
무척이나 행복해했지

아 예쁘다 향도 좋고
넌 언제나 날 기쁘게 해
이런 말을 자주 해주곤 했어
십일월 산야에 핀
작은 송이의 보랏빛 국화
따뜻했던 그 한마디 받고 싶다

"넌 언제나 날 기쁘게 해"

시작노트

시간이 감에 따라 촉촉함은 사라지고
메말라가며 서걱거리는 소리가 가슴 밑에서
들리는 듯한 계절 속에서 마음의 향기 피워 보려 기웃거리는 心思...
墨香은 없어도 나름 지난 그리움의 흐려지는 향기를
소복이 쌓아본다
여기 지난 흔적으로...

石蒜 김영태

서울 출생, 경기도 평택시 거주

2016년 12월 행시조 전국 백일장 국회의원 표창 수상

2018년 03월 행시조 전국 백일장 국회의원 표창 수상

계간 『한행문학』 정회원

한국바다문인협회 회원

한국문학 대표시선-4 시 발표

공저 『고운글 문학』(1~4호) 『시인의 바다』 외 다수

갈향기 외 7편

石蒜 김 영 태

돌아선 눈웃음엔
한 줌 햇살이
여울져 맴을 돌다
흐드러지고
빛바랜 해거름엔
여린 향기가
코끝을
간질이며 느릿 느릿이
길어진 그림자에 숨어 버리면

저만큼 기울어진
길섶 곁으론
하늘빛 짙어지는
저녁결 따라
초저녁 달그림잔
스러지는데...

밀재

가고 없는 이 길에
나 홀로 서서
여명의 안갯속을
더듬고 있다
희미한 기억들의
조각을 맞춰
그날의 흔적 찾아
어루만지니
멍울 든 가슴속이
아리어 온다

이제는 가고 없는
이 길 위에서
여리게
안개마저 흩어지는데

추몽(秋夢)

멍울져 빛이 바랜
마음 구석엔
구겨진 그리움은 가을이 되고
흐려진 기억 속을
후벼버리니

어둠에 갇혀 있는
작은 몸뚱이
조각나 흩어졌던 먼 날 흔적을
뒤척이며 모으려
애를 써 봐도

손가락
사이사이 빠져나가고
향기를 잃어버린
하얀 서리꽃

이 새벽 길섶 위에 피우고 말아…

새벽길

이 새벽
떠나려고 길을 나서니
하얀 달빛 부서진
길섶 곁으론
잔설의 분분함이 바람에 차고

빛바랜
발끝 위엔 흐려진 어둠
그 안에 머무르는
추억 한 줌이
차가운 손끝으로 전하여 오니

흐릿한 여명 빛에
가슴 내주며
두 손을 살그머니 감춰 버린다

남아있는 온기가
차마 식을까…

그리움 하나

잿빛의 그림자 뒤
비틀거리며
느려진 발걸음에
묻은 저 세월
굳어진 손등 위론
겨울뿐인데

마주친 흔적 위에
봄빛 어리고
그려진 미소 위로
햇살이 고와
살며시 다가서며
느끼려하니
향기는
멀어지며 가슴을 후벼…

사월 단상(斷想)

바람이
어루만진 푸른 하늘빛
파릇한 싱그러움
담을 넘는데
햇살을 갈라버린
창틀 구석엔
웅크린
흔적들이 구겨져 있어

창문을
활짝 열어 뜨락을 보니
사월의 푸르름에
머무는 향기
심호흡 깊게 하여
가슴에 담고
낙화하는
꽃비에 너를 보낸다

겨울 이야기

참새들 빈 가지에
둘러앉아서
지난가을 얘기에
햇살 퍼지면
허수아빈 허망이
빈 들녘 보고

빛바랜 내 옷깃에
노을이 묻어
기우는 하늘빛에
기대서려니
인연의
끝자락을 터는 날갯짓
시린 하늘 너머로
멀어져만 가...

산 나그네

달구지 흔적 따라
돌아선
산모롱엔

솔향기
너와 지붕
사이로 피어나고

붉은빛 노을 뒤로
산자락
돌아눕는

실개천
자장가에
나그넨 별을 헨다

시작노트

사람이 아름다운 이유는

관계 맺음에 진실하게 연결되길 원함에서 온다.

아무리 죽을 만큼 아파도

견디고 다가가고 돌아보며

언제든 끌어안을 수 있는 마음 한자리 품고 있다.

김 옥 영

한국바다문인협회 회원

동인지 『시인의 바다』 외 다수

2020년 제18집 『망초꽃 사랑놀이』

2021년 제19집 『끈, 이어지다』

2022년 제20집 『육필시집』

늦게 피운 꽃 외 6편

김 옥 영

오랜 시간
껍질 벗고 피운 꽃
늦가을
한 톨의 햇살 앞에
홀로 선 꽃

꽃잎 하나 날아와

꽃잎이 흩날리는 것을 보다
사랑하고 있는 내 마음이 좋았던 것인지
당신이 좋았던 것인지
모르겠습니다
눈물은 가는 곳 몰라 하지만
꽃잎은 생생하게 제 모습 놓치지 않고
바람 따라 뒹굴고 있네요
제빛 잃지 않고 떠도는 꽃잎도
머지않아 흔적 없이
사라지고 말겠지요

꽃잎 하나 날아와 말을 겁니다
무슨 말을 해주고 싶은 걸까요

창을 투과하기 위해 애쓰는 빛

꾀죄죄한 하루가 시작되고 있다
빛이 유리창 서리에 갇혀 뭉글어지고 있다
해피트리 잎사귀도 빛을 내며 사라진다
보이지 않아도 그것이 거기에 있음을 안다
꾸깃꾸깃 구겨진 나를 본다
어제 남은 우럭 매운탕 매운 비린내가 뇌를 흔든다
뜨겁게 받아든 정수 입안 가득 천천히 굴린다
나는 나를 보지 못한다
웅크리고 있을 때 온전히 볼 수 있다
비굴하게 보이진 않을 것이라며
세상의 빛 속에서 웅크리고 있는 나를 새김질한다
녹아 흐르는 빛방울의 탈출이 눈부실 때
떠도는 먼지 한 톨까지 빛을 발한다

졸고 있는 오후

서로 마주치지 않는 눈빛의 나른함은 놓아줌 아니면 믿음
어느 쪽이든 한쪽으로 기울면 그에 걸맞은 이유를
무수히 찾아 벽을 쌓아야 한다
생각의 각을 세워 에너지를 쓰고 싶지 않은 효율적 뇌의 선택
만용일지라도 확인하고 싶지 않다는 귀찮음
발가락을 핥고 있는 파리 주둥이
소용돌이치는 감정은 표현되어야 한다는 생각을 늘어진 햇살에 뉘어놓는다
결국에는 일어나 적의에 찬 손을 내저어야 끝이 난다는 생각을 밀어낸다
성가심에 꿈틀댄 두어 번의 소용없는 발짓
아무려면 어때 이대로 있을 수 있다면

청춘

눅눅한 장마를 날리기 위해
가마솥에 맹물을 붓고 아궁이에 불을 지핀 지 반나절
할머니 춭타를 틈타 아랫목에 배를 깔았다
아랫배에 전해지는 기분 좋을 만큼의 온기
뒷문으로 들어오는 촉촉한 바람이 상쾌하다
장독 뚜껑에 부딪치는 빗소리
소금 항아리 속에 떫은 초록감
아무리 퍼부어도 고여지지 않는 물웅덩이
처마로 흘러내리는 물줄기 소리에 깜박 잠이 들다
5시를 가리키는 어스름한 시침
무엇하나 명확하지 않은 지금을 가리킨다
비는 잦아들어 가랑거리는데
똑똑 떨어지는 물방울 물결을 만들며 맴맴돈다

빈자리

삽자루 들고 물꼬 트러 논으로 갔던
아버지는 돌아오지 못했다
엄마는 눈이 벌겋도록 악다구니 쓰며
겨우 물을 대고 물꼬를 열고 닫으며
논을 지켜냈다
담장 한쪽이 허물어지고
기와가 깨져도 손댈 수 있는 사람은 없다
지붕으로 비가 새 천장이 뚫려
양동이 하나가 세 개로 늘어나도
담아지지 않았던 빗물들
쥐가 들락거리다 발을 헛디뎌
이불 위로 굴러 떨어졌던
놀란 쥐의 까만 눈망울
점점 커져가는 구멍을 보며
기왕이면 별을 보며 잠들고 싶었지만
구멍 안에 별이 담기진 않았다

아무도 말하지 않는 추억

필봉산 밑자락 옹기종기 자리한 마을
어느 날 바람에 날려 왔는지
사내의 홑주머니에서 떨어졌는지
양귀비 한두 송이 앙증스레 피더니
집집 마당에 한자리씩 차지했다.
한여름 잎사귀는 상추 대신 쌈으로
기침 가래 끓는 할아범과 손발 저린 할멈
배앓이 난 아이 잠 못 드는 아낙네에게
귀한 대접을 받았다.
쉬쉬 입 맞춘 비밀은 더 빨리 바람을 타는 법
읍내에서 씨앗을 구하러 오는 이도 있었다.
이러다 큰일 치르겠다 싶은
눈치 빠른 한두 집은 갈아엎었지만
마당을 가득 채운 양귀비꽃은
붉게 물들어가며 한층 소담스러워졌다.

칠월의 후끈한 바람이 몰고 온 비
일주일이 넘도록 쏟아져 무르게 만들더니
기어이 산자락 하나를 토해내고 말았다.
마을을 덮친 흙더미에 깔린 집과 마당
생난리에 어찌할 줄 몰라 발만 동동 굴렀다
손 모아 어찌어찌 살아갈 방도를 찾는 중에
건너 마을 누구 아비가 징역을 살게 되었고
누구는 도망 다니고 있다는 흉흉한 소문이 돌았다.
장마 피해를 파악하기 위해 항공촬영을 했는데
집집마다 붉은 것이 찍힌 것을 수상히 여겨
양귀비꽃으로 밝혀지면서 붉은 것이 찍혔던
집들은 죄다 조사가 나온단다.

필봉산 밑자락 마을 사람들은
마당에 돌들을 조용히 골라내었다.

시작노트

내 삶속에

내 노래가 없다면

그 삶은 무의미하다

내 삶속에

내 발자국이 없다면

더더욱 무의미하다

김 용 욱

한국바다문인협회 회장

예당호 외 7편

김 용 욱

나를 떠난 사람아
나를 찾는 사람아

나
늘 여기 있다오

당신
한달음에 오신다면

좌대에 앉아 세월 낚으며
물오리 애정행각도 구경합시다

그러다 어둑해지면
갈 숲 헤치고 숨어 볼까요?

간질간질 입질하는 붕어가
나도 족보 있는 양반이제, 라는 말에 애 터지지만

품이 그립거든
내게 오시오.

교훈

이눔아
니 몸뚱아리도
죽으면 썩어 뭉글어진다
이눔아,

수백 번 회초리 드신 어머님.

대청호의 봄

새벽녘
목화솜처럼 부풀어 오른
물안개 따라

누가
넓디넓은 저 치마 폭에
옴팡지게 물어 나르는가

인자하신 눈웃음에
헤어나지 못한
옹아리 미소들.

정조

누구도 침범할 수 없게
사나운 보안시설 해놓고

하늘 뜻 받드는 때를 기다리다
수줍게 옷고름 풀어 보인 송이밤

속살 반들한
정조.

물길

쉼 없이 순리 따라
흘러가는 길

어떤 잡념도 유혹도
접근을 불허하는 길

곡선으로만
살아가는 길

각지게만
살아온 나의 길

넥타이를 풀고 물가에 앉은 이유를
커피 향은 모르는 체했다.

입이 서울이더라

83세 노모님께서
버스 세 번 갈아타시고
막내아들 집에 찾아오셨다

깜짝 놀란 며느리
아니 어떻게 오셨어요?
입이 서울이더라.

가을 길

70년대 낭만을 주워 담던
정겨운 코스모스 논둑길,
미사리엔 지금 없다

청명한 세상
거침없이 빨대를 꽂아대던
꽃 벌들

가쁜 숨으로 꿈을 찾아
가느다란 목덜미 흔들어대던
고추잠자리 놀이터도 거기엔 없다

그것들마저 사라진
없는 것들로 채워 간
가을 길만 뚜벅거리고 있다.

산과 물과 별 그리고
— 백둔 계곡에서

아는 것 없어도
산, 물, 숲, 별,
이 모두가 고향이라고 알제,

배운 것 없어 애기바람에도 귀 열고
굽잇길 산등에서 캐낸
한 소쿠리 은유의 속삭임까지,

혼자만 시인이 될 수 없다
별똥 갈기고 살집 통통한 달 들면
너를 부를 것이여

요것들로 삶이 풍요로울 수 있다면
그 날 너에게만 왕창 퍼 줄게
까짓것.

시작노트

꿈인 듯

마지막처럼 단장한

내가 걸어가고

길 같지도 않은 길의 진흙

달라붙은 말(言)을 부벼 털면서

장미가 줄지어 얼고 있는

이 딱한 꿈길

발등이 어는 것도 모르고

무명으로 걸어가는 길

남 여 울

월간 『문학세계』 등단
한국문인협회 회원
시인의 바다 카페지기
한국바다문인협회 부회장
공저 『끈, 이어지다』 외 다수

설악의 비경 외 7편

— 울산바위

남 여 울

오직 난 자리에서 묵묵히 이룬 숲
성하 알리는 축포에
수백 노송도 제 몸 떨어 빨간 융단 펼쳐 반기고
산자락에 펼친 운무 장관이로세

개울가 산버들 낭창한 허리춤에
물방울 덩달아 펄펄 뛰어 오르고
차곡차곡 여문 밤나무에 산새도 깃을 접는 밤
세속은 지워지지 않을 수묵화를 그리는데
내일에나 태어날 사람 어느 길로 와
이 밤 같이 노니는고

청령포의 들꽃

이름 없어도 좋으리
거추장스러운 이름에 갇히기보다는
삼백예순날 편편히 흐르다
사라지는 즐거움

두꺼운 이름에 눌려
내 모습이 일그러지기보다는
하늘 한 모서리
땅 어느 귀퉁이
아주 조금 차지하고 있다가
흙으로 바스러져

내가 섰던 그 자리
다시 하늘이 열리면
거기 한 모금의 향기로 날아다닐 테니
이름을 붙이지 말아다오
한 송이 '자유'로 있고 싶을 뿐

민통선 그리고

개망초 흐드러진 길가에
알몸으로 버려진 아이
뭉뚝 잘려나간 발목엔
쉬파리가 끓고
깊은 동공 속으로
하늘빛이 빨려들고 있었다

붉은 살덩이를 헤치면
거기
아귀트다 썩어가는
청남빛 씨앗 하나

오늘도 우리들의 새벽은 발기되지 않았다

굼벵이에 대하여

진양조 가락으로 하늘이 높아지고
뜨거운 시간 속을 건너온 호미날이
감자 밭을 환하게 열어젖히자
흙을 섬긴 감자는
늠름한 세상을 향해 걸어 나오고
하늘로 오르지 못한 굼벵이 하나
세상의 소음에 대해 묵언(默言)중인데
싯다르타의 해탈은 아닐지라도
굼벵이의 침묵은 어디로부터 오는 것일까
나는 오늘 세상의 모든 소음으로부터
또는 진실성 없는 말들에 대해
귀와 입을 막고
생을 마감하는 굼벵이처럼
조용히 세월의 한복판을 건너가고 싶다
하현달
어디로 가나
굼벵이는 모른다

시월

시월의 화선지엔 하나둘 색조가 들어서고
기다림은 탱글탱글 열매로 고인다

바람과 비를 어르던 치열했던 여름,
토실히 살찌워낸 시월은 얼마나 근사한가

푸르던 들판 백과로 익어가고
골목은 달마중으로 들썩이는데
불 꺼진 창 지키려 오가지 못하는 바람,
홀로 그네를 탄다

가을 달

어찌 그러합니까
자즈러이 울면
수만의 잎새로 돋아나
그대 홀로 설게 울면
나 어찌하란 말이요

새벽별 허리춤에 매달고
떠난 님이야
한 점 풍경도 못되는 바람일 뿐이오
어느새 곤히 잠든 강물에
먹빛 눈물 파장이 인다

그새 누가 쓰디쓴 아픔을 토했나
숨죽여 울먹이는 그리움
그대 그리 울어대면
꺼억 대는 내 속앓이
뉘에다 털어버릴까

겨울 외출

등지느러미가 아프다
밤새 목적지도 모른 채 물고기 떼 따라
숨차게 거슬러 올라가던 곳
어디쯤일까
흑백 영상 아슴푸레 시선이 멎는 곳엔
물살에 허리 꺾인 가슴 떠는 물풀들
손가락 사이 잡힐 듯 말 듯 온 밤잠을 설친다
새벽바람으로 선잠을 털고
긴 강줄기를 따라나선다
마지막 어둠을 찬물에 헹구며
부레에 힘찬 펌프질하는 순은 빛 물고기 떼
버려진 어제의 그늘을 싣고
광활한 해원으로 해원으로
지난밤처럼 그렇게 달려가고 있었다.

천성

동안거 끝낸 감자 두 알
쪼그라진 자궁 밖으로
꼬물거리며 새끼(生)들이 밀려 나왔다
앞 눈도 채 못 뜨고
햇빛 따라 나서는데
한 알에서 솟구친 성질머리는
허공에 삿대질이고
다른 알에서 슬며시 빠져나온 성격은
가만히 제 옆구리에 붙어 섰다

누가 그새 가르쳤으리
얼핏 보이는 저마다의 길

시작노트

권불십년이나 이주십년이나 허무하긴 매일반
마음의 중심을 잃어 화를 삭이지도 못하고
매번 詩는 서슬이 퍼런 칼날 같아

이곳도 정착하긴 글렀지 싶다
경치!
먹고 사는 것도 아닌데
다시금 생각해 볼 일이다.

무던히 썩어 뭉친 가슴속 응어리
털어버릴 날이 오겠지
그럴 때마다   는 항시 나를 위로했다.

<인플란트 하다>

염병하네, 얼마나 더 씹어 제낄라꼬
칼을 가는겨

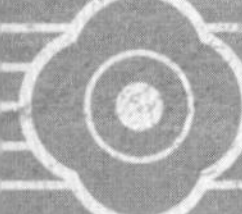

연 용 옥

강원 영월 거주

『한맥문학』 등단(2004년)

한국문인협회 회원

한국바다문인협회 회원(2대 회장 역임)

공저 『사치스러운 사색』 外 다수

왜 살아야 하지 외 7편

연 용 옥

왜 살아야하는지도 모르면서
오늘을 산다
어제도 그랬고 내일도

어둠을 걷어내며 출근을 한다
그리곤 버려진 것들과 주야
열악한 조건 속에서 12시간

목적은 지나치게 소박한 생존
반복되는 일상
불을 안고 현장에 붙어산다

살다보면 좋은 날 오겠지
혹여 그날이 오면
무탈한 건강함에 감사하며 살리라

어떻게 할까

지금하지 않으면 영원히
말할 자신이 없기에 詩를 作한다
法이 통하지 않는 모순의 땅

계약직과 무기계약직
차별 말라 만든
차별적 처우금지에 관한 법률

詩 좋아 병연과 살기 10년
조상 욕도 안 했는데 삿갓을 내가 왜
알 수 없는 날들

여의도 사람들아
법 만들어 공포하면 그만인가
세상은 여전히 그대들이 필요하다.

고요에게 묻다

청령포는 여전히 아픔이 보인다
동강은 도도히 흐르건만
단종의 눈물은 어디로 가고
늦은 후회를 되풀이하는가

사육신의 희생이 헛되도다
생육신의 절개는 소나기재를 넘었나
왕과 여섯 신하의 주검
세속을 떠난 지식 또한 허무하다

오백 년도 더 지난 원님은 무엇을 하는가
민초의 한숨은 들리지 않고
왕은 공정과 상식을 말하는데
法은 있으되 어쩌라고

청렴은 약속이 아닌 실천이라는 고을
없어서가 아니라 불공정이 원인
서민의 원망소리 높아만 가는데
뉘, 이 설움 달래 줄거나 오호 애재라.

돛단배 띄워

길이 있다는 것은
갈 수 있다는 것
시루산 가는 길

그곳에 마음의 배를 띄워보자
널리 인간을 이롭게 하는

나 있는 이곳에서
서로 아끼고 배려하며 양보하고
입장 바꿔 생각해 볼 일이다

사람 사는 이곳에서
사람 냄새 싣고 항해하는
배 한 척 띄워 보자.

사람이 어찌

누구나 살다보면 그렇지
향기 좋은 꽃을 가까이하며
맛난 음식을 취하고
그러고 싶은 게 인지상정

높은 자리에 앉아 호령하며
낮은 자를 가볍게 여기는 오만
긍휼히 여기는 마음이 없다면
용상인들 무슨 소용

모름지기 그릇이 좋지면
큰일은 가당치 않아
스스로 부족함을 알진대
멋모르고 욕심을 지키려하네

산 좋고 물 맑고
살기 좋다는 홍보에
귀촌 하였더니
대한사람 대한으로더라

詩人의 운명

사람이라면 더구나 시인이라는 사람은
먹고사는 것보다 의를 소중히 여겨야 한다
불의에 부정도 긍정도 못하느니보다
아닌 것은 아니라고 말할 줄 알아야 한다

어쩌면 이리도 삶을 욕되게 할까
시대가 착잡하니 탓하고 싶지도 않은데
미늘에 걸린 자들은 해코지가 두려워 침묵한다
가슴에 담은 뇌 속에 숨긴 양심을 열어라

이제는 누군가 참회의 눈물을 흘려야한다
이곳을 선택한 불가촉천민들의 몫인가
아니면
공정도 상식도 외면한 탐관오리의 몫인가

사람이 사는 세상 이래서는 안 된다
위정자가 썩으면 커져가는 국민근심
동주의 詩를 보자
"죽는 날까지 하늘을 우러러 한 점 부끄럼 없기를"

세월

눈을 뜨면 하루 가고 달이 가고
어느새 계절이 바뀌고
세월은 그렇게 가는데

세월 참 우습다
그래서 남는 하나가
추억이라는 어설픈 기억

마을 노인정에서
내년부터 노인회 회원입니다
종신회비 받으러 왔다네

이제 변변한 일자리도 없다
놀면 뭐하나 최저시급
산불감시원을 해 볼까 쉽진 않겠지만

개망초꽃 피고 지고

은은한 바람이 스친다
가벼운 떨림
가을의 유혹인가

뿌리치기 어려워
뒷산 오솔길 오르면
솔바람도 속살거린다

올해는 유난히
옆 개울에 물이 많다
한 사흘이면 흔적도 없지

길가에 뚱딴지
꽃망울 탱탱하다
노란 네 꽃 피면 가을 한가운데

시작노트

뒤돌아볼 틈 없이 쉼 없이 달려온 여정
어느새 뉘엿뉘엿 석양이 보였다.
이것저것 뒤엉켜 꾸며진 인생이 붉은 노을 속으로
침몰할 즘
긴 한숨 내쉬며 바라보는
그 자리에 그리움 실은 바람이 일생이 되어 서성인다.

염 기 식

충남 논산 은진 성덕 출생
『한국다온문예』 등단
문학애작가협회 회원
한국바다문인협회 회원
공저 『바람이분다』 『초록이 가을을 만나다』
한국바다문인협회 20주년기념 『육필시집』

사랑과 이별 외 7편

염 기 식

눈을 뜨니 사랑이어라
눈을 감으니 이별이어라

사랑을 위해 많은 사람들은
오늘도 눈을 뜨고
이별을 위해
또 그렇게 많은 사람들은
오늘도 눈을 감는다

사랑과 이별은 날마다
눈을 뜨고 감는
생과 사의 아름다운 조화였어라

소망이 있었다

새벽안개 자욱한 길에도
살포시 이슬 맺힌 풀잎에도
벙긋이 피어오르는 소망이 있었다

갓 피어난 꽃 한 송이에도
땅 껍질을 뚫고 나온 가녀린 새싹에도
파르한 떨림의 소망이 있었다

여기저기 나고 죽고 피고 지는
모든 것들에 소망이 있었다

세월이 지나가는 길모퉁이
사라져가는 모든 것들에도
다시 태어나리라는 소망이 있었다

세상 여기저기 소망은 꿈틀이고 있었다

사랑 꽃

철마다 피는 꽃은
쉬이 시들고 지지만
마음에 피는 사랑 꽃은
시들지 않고 지지 않는다
꽃향기는 코끝을 자극하지만
사랑의 향기는 영혼을 두드린다

우리 마음에 사랑 꽃이
여기저기 피어나면
세상은 꽃보다 더 아름답고

우리 영혼에 사랑의 향기가 스며들면
세상은 분열이 없는 평화의
낙원으로 변화한다

피우자
마음에 사랑 꽃을
적시자
영혼에 사랑의 향기를

타락

세상 것들이
모두 사라져간다.

낮술 한잔에 목을 축이고
숨만 할딱거리는
낯선 모습에 취해 간다

해가 뜨고 어둠이 내리는
강가에서 으슥진 놀이터 벤치에서
떠도는 아픈 허상들을 쫓으며
떨어져 가는 상념들과 이별을 한다

타락도 도를 탐하는 경계인 양
취하지 않으면 힘겨운 몸짓이려나

가을은 우리에게

소리 없는 바람이 가지 끝에서 울면
나목의 긴 인고는 시작된다
저리도록 고운 잎새
한 줌 바람에 홀연히 보내고
새로운 태동을 위한 침묵의 인고

어제를 떨치고 버려야만
더 큰 오늘이 내일이 온다는 것을
어제도 오늘도 가지 끝에 걸린
빛 고운 잎새는 그렇게 흐느끼는데

버리면 얻는다 비우면 채운다
가을은 우리를 침묵하며 깨운다

아픈 날에

칼바람 휘도는 거리
따뜻함을 생각하는 것도
사치스러운 초라한 모습

처절함 뒤에 감춰진 내면에
불타는 열정이 있어
나는 오늘도 칼바람과 동행한다

금전만이 진실이 된 현실
과정 없는 금화만이 피어 요란해도
눈 들어 하늘을 볼 수 있어 감사하다

길모퉁이 버려진 햇살 한줌
내가 주울 수 있어 이 또한 감사
여기저기 감사함 눈 되어 휘날리니
내 어이 춥다하며 투정할 새 있으랴

오늘도 삭풍을 안고 감사하며
햇살 가득한 영락을 향하는 길에
역경과 고난이 없었던들

바람소리에 울먹이는 천상의 소리
비천한 모습의 메시아 소리
버려진 들녘의 불타의 소리를
내 어찌 안고 흐느낄 수 있으랴

내 생에 가장 힘든 날
초개같이 생을 버리고 싶은 날
울컥한 가슴에 저미어오는
천상의 소리가 있어
환한 미소 지으며 하늘을 본다

침묵의 위대함

뚝뚝 떨어진다
긴 여름의 잔상들이
비 되어 떨어진다.

여기저기 속살거리는
가을 얘기들이
애잔한 여름의 눈물을
그리움으로 적시면

긴 인고 속
짧은 만남의 운명 앞에
쇠잔한 매미소리

비를 타고 여름이 떨어진다
비를 타고 가을이 내린다

덥다고 외치던 일성들
순식간에 잠재운 빗줄기

침묵하는 자연 앞에
호들갑 떨어대던 심사들이
부끄럽다

후두둑이는 빗소리가
여름을 떨어뜨리고
또 한 계절의 태동을 위해
쉼 없이 수고를 더하며
침묵의 위대함을 일깨운다.

삶이여

왠지 모를 슬픔이
밀물처럼 밀려온다
그리움이라기에 너무 힘들어
왈칵 눈물이라도 쏟고 싶은
슬픔이 온몸을 휘젓는다

저울질할 수 없는
삶이란 무게를
오늘이란 시간 속에 싣고
표류하는 나는
어디로 흘러가는 강물인가

지고지순한 척
한 틈의 빈틈도 없는 척
포장하고 동여매던 끈들이
하나둘 풀어져
세월 앞에 축 처진 민낯을
드러낸 지금

삶이여 삶이여
존재하는 것인가
사라지는 것인가
알길 없고 물을 곳 없어

침묵하는 세월의 강을 따라
오늘도 쓸쓸히 걸어간다.

시작노트

일상의 모든 것들이

나의 생각으로 채워져

숨을 불어넣어

더없이 눈부시게 반짝인다

저마다의 지켜온 세월

기억을 더듬어

새로움을 끌어내

오늘

일상을 반듯하게 펴

내 추억에게 말을 걸어 보다

염 은 미

인천 출생

『다온문예』 등단

한국바다문인협회 사무국장

공저 제20집 육필시집 외 다수

가을 전조 외 8편

염 은 미

무뎌진 생의 계절
꿈을 꾸다
경계가 모호해진 마음에 그늘이 들었다
오면 오는 대로
가면 가는 대로
있으면 있는 대로
없으면 없는 대로
낯선 것들에 대하여
늘 그랬듯이
알다가도 모를 일
피고 지는 것이며
오고 가는 그 모든 찬란한 허무
긴 꿈을 깨운다
지금 가을은 묵언수행 중

비 그리고 인생

물 위에
잎 위에
빗물이 톡톡
너는 좋겠다
쏟아질 수 있으니
사는 건 삼킴이 더 많지
비의 숲에 갇힌 희미한 안개
그 속에 숨긴 빽빽한 한숨
길을 잃어도
묵묵히 감내한 먼 시간
한세상 비켜서서 바라본 필연에
말라버린 창백한 문장들
서둘러 지나는 바람결에
웃고 울던 심장은
깊은 파장을 만들고
서서히 빗줄기는 묻힌다

겨울 문답

12월에 내린 겨울비는 쓸쓸하게 느껴지지만
1월 자드락 길 따라 내리는 비는
입춘과 입맞춤이 머지않아 보드라워
매섭게 휘도는 바람도
생존을 다한 벌판이나
잎눈을 감춘 나목도
불어올 바람에
그냥 서성이다 보면
겨울의 꼬리는
어느새 봄이 되니
푸르른 것들이
생명의 순간들을 선사하는 그런 일에
겨울비가 사뭇 다르게 느껴지는 이유

4월 감기

상냥한 봄바람은
꽃의 주소를 찾아 날아와
스스로 생명을 옮기는
4월을 열었건만
나의 4월은
지독한 몸살로
거친 숨소리와 채워진 습도로
앓고 있다
또 다시 봄은 물밀듯이 밀려와
벌써라고 느낄 때
이미 희미해져도
살다
살다
다 살아지는데
그토록 기다렸던 봄은 왔는데
이제 봄은 몰락하니
앓아누운 나의 봄밤
길을 잃고 만다

꽃샘추위

나른했던 별들은 사라지고
들이닥친 냉기로 앓는 봄꽃
마음의 빗장을 느슨하게 열었건만
다정했던 봄바람은 길을 잃었는가
소문만 무성한 봄이 자맥질하더니
아우성치던 입을 닫고
풍문으로 슬그머니
꼬리를 감추는 봄눈

겨울 랩소디

홀로 선 저 끝
메마른 가지마다
시린 발목 아래 내뱉은 숨은
두꺼운 외투에 의중을 감추고
아니 오실 이
알고 있기에
느린 맥박은
끝없이 흐르는데
툭 툭
장단에 스멀스멀
한숨 같은 꽃이 핀다
나의 찰나가 영원이 되어

외미말 이야기

하루에 다섯 번 버스가 오가는
외미말 버스정류장은 할머니들의 사랑방이다
딱히 버스를 탈 요량도 아니면서
아침 9시이면 햇살을 안고
윗동네 아랫동네 경쟁하듯
빈 유모차를 밀며 알록달록 모여든다
그동안 내려앉은 세월만큼
허리는 굽어지고
머리엔 거부할 수 없는 서리가 내렸지만
입술엔 홍시 빛깔로 치장을 하고
맛있는 공기를 마시며 시간을 나눈다
땀에 절은 몸을 가만히 쉬다 보면
어깨를 주물러 주는
바람이 풍년 든 외미말이다
마을 앞엔 가을이 들 무렵
샛노란 감국으로 온통 가을향이다
무서리에도 변함없이
조렇게 작은 꽃이
국화향을 얼마나 강하게 진동시키는지
가을바람이 기억을 실어 나르고

무명의 창고에 채우다
긴 그림자 드리운 계절의 마디에
가고 옮을 얼마나 복종하게 될까
아스라한 시선으로 유모차 주인들은
먼 하늘을 바라보며
물빛 가득한 두 눈을 비빈다
외미말의 슬프도록 아름다운 가을이 깊어간다

춘몽

봄 햇귀 나대더니
날숨의 추임새에
다시금 보듬은 생명들
삼동 견뎌내고
땅심을 더 받기 위해
바닥에 납작하게 엎드린 냉이 찾아
밤새 들판을 헤매다
꿈속에서 아버지와 놀았던 날
아버지는 냉이 된장국에 밥 두 그릇을 비우셨다

겨울 인연에게

까칠해진 도심 끝 능선자락
날 선 바람의 붓질
민 가지에 들숨에서 멈춘 나무들은
혼자 가슴 치다 겨울을 만진다
빈 가지에 스치듯 지나기도 하고
가시처럼 박히기도 하지만
바람의 태생은 흐르는 것
흐르다 보면 다시 만나지기도 하지
오래된 시간 위로
나긋나긋 지어 이어진 끈은
따뜻하게 토렴해 낯설지 않은 미소진다

시작노트

빠른 세월 속에 내달리는 시간들
하차 없이 덩그러니 놓인 정거장 벤치에
잠시 쉬어 가는 여유가 과연 사치
그럴 리 없다 쉬엄쉬엄
곧은길로
가슴은 열고 입은 침묵하며 귀는 열어
모든 이들의 말을 경청하자
그래 그렇게 하루하루 살아내자.

이 근 복

경기도 양평 출생

『문학저널』 등단

한국바다문인협회 회원

공저 『육필시집』 외 다수

가을 단상 외 7편

이 근 복

산허리 능선 언덕배기엔
붉고 노란 잎들이
물 짜내기로 진통 중이다
추수한 논바닥 위로
잠자리 떼 너울너울
뭉게구름이 여공을 채워가는 동안
낡은 기왓장 굴뚝 사이로 피어나는 꽃들
가마 솥뚜껑이 덩달아 들썩인다
배불리 먹일 당신의 살과 피
목구멍을 타고 내려가는 감사한 양식에
어머님이 머리를 푼다

석양이 내려앉는 동네 어귀 그림자엔
빈센트 반 고흐의 풍경이 부럽지 않은
진통 끝에 채색된 화려한 진풍경
살아 숨 쉬는 한 폭의 수채화가 있다

가을 빈자리

이마에 새겨진 깊은 문신처럼
알뜰히 채워진 시간과 버려진 시간
젊음은 기다려 주지 않는다
마음만은 청춘이라고 떠들어대지만
분주하게 움직이지 않아도
무거운 발걸음은 늘 그 자리
긴 한숨만 녹아내린다
몇 해가 쏜살같이 내달리는
미련한 세상에서 살아내는 아픔들
오색이 물들어가는 가을 들녘을
바라볼 때면
괜스레 코끝이 찡해 눈을 감기도 한다
노란 은행잎이 물든 가로수를 걷다가
낡은 스피커에서 울려 퍼지는
애절한 목소리의 주인공이
가을엔 편지를 쓰겠다고 한다
수신자도 없는 그곳에
이름 석 자 올린다고 무엇이 달라지랴
구멍 난 계절 빈자리 가득한 세상에서

견생(犬生)

덩그러니 빈 공간의 정적
어두움 속에 반짝이는 안구
홀로 감내하고 지켜내는 외로움
허공에 얼굴들이
공간을 채워가는 동안
몸부림의 지치고 곤해
엎드렸다 누웠다를 반복할
롤리
삑삑거리는 스마트 키에
반응하며 목청껏 포효
뱅글뱅글 팔랑팔랑
꼬리가 쉴 새 없이 춤을 춘다
연실 입맞춤으로 숨이 차오른
이만한 환대는
전에도 없었고 후에도 없을 터
아쉬움 없이 말끔히 털어내는
주인님과의 재회

그리움 6

그리움의 날개를 달아 띄워봅니다
소식 없는 기다림은
타들어가는 갈증 목마름의 허기
불어오는 바람도 힘겨움을 알 리 없습니다
그저 스쳐 지나가는 바람일 뿐
온전히 나를 비워 날개를 고이 접습니다

only you

흔들리는 바람에도
내가 중심에 서 있는 것은
당신이 늘 나와 동행하고 있음이요
광활한 사막 척박한 땅에서도
한 떨기 아름다운 꽃으로 피워내는
당신이 있음입니다
나의 전신 세포 마디마디
당신의 온유한 성품이 스밀 수 있도록
잠자는 나를 깨워주소서
내가 건설한 견고한 성벽 밖에서 서성이는
당신을 기쁨으로 맞이할 수 있도록
나의 마음의 긍휼을 베풀어 주시옵소서
오직 당신의 품으로 다가서기를
몸부림치게 하소서

나의 발길이 머무는 곳마다
성전이 되게 하시고
크고 놀라운 당신의 사랑에
흠뻑 젖어들게 하소서
세상 끝날까지 유통기한 없는
Only Jesus~!!!

부음

아직
가야할 길은 까마득히 멀기만 한데
무엇이 그리 급해 에둘러 떠나가느냐
재촉하는 발걸음은 멈추지 못하고
나락으로 내동댕이쳐진다
중년은 간데없고
한 청년이 틀어 갇혀 웃고 있다
어제의 태양이
오늘의 이별이 되는
마른하늘의 날벼락이라
투박하고 단단한 건물이 무너지던 날

그 계절 봄

어둡고 추운 긴 터널이
동면에 들어가 곁을 내준다
순한 너그러움
논두렁 밭두렁의 생명이
스멀스멀 피어오를 때면
처녀들의 나들이가 시작된다
연분홍 치마폭에
쑥을 한가득 담아내는 일
달래 냉이 씀바귀를
소쿠리에 그득 담아내는 일이다
수줍은 처녀의 가슴을
기어코 설레게 하는 일
노총각의 가슴을 온통 흔들어 놓는 일이다
앵두나무와 노랑 개나리로 단장한
난쟁이 울타리에
잎 넓은 작약도 몽실몽실
배고픈 자와 배부른 자가 함께 웃는
그 계절이 봄이다

작은 영토에 꽃피우다

검게 그을린
촌부의 손길이 분주하다
고추밭 이랑의 잡초와 씨름하며
목덜미를 타고 흐르는 땀
광목 저고리가 흥건하다
돌아서면 자라고 돌아서면 살아 있는
그대들의 이름은 잡초라
쇠비름을 뽑아 밭 언저리에 쌓아두면
죽은 듯 다시 일어나는 질긴 생명력
작은 화분 속에 토사를 넣어
레몬 씨를 심었더니 싹을 틔운다
또 다른 생명이 잉태되어 꽃을 피웠다
베란다 창밖 연분홍 꽃이 만발하다
이랑을 일구던 촌부가 뽑아낸 쇠비름
지상에서 있어야 할 생명이
어떤 연고로 이곳 작은 화분까지 날아들어
존재감을 드러내는 것인지
질긴 생명력

시작노트

태양의 힘으로

어둠 속에서

미시적인 만물이 잉태를 한다

생사의 원소는 지구는 관계없지

가루가 된들

지구를 빠져나갈 수 없으니

올해는 정격 시조(3434,3434,3543)에 빠져

등단하고 지구촌 이상 기온과 몸을 섞는 중

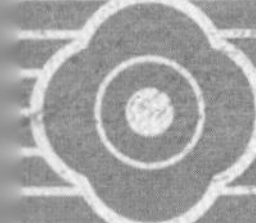

導畇　이 상 호

『현대문학사조』 시, 시조 등단

한국문인협회 회원

한국바다문인협회 회원

강남문인협회 회원

현대문예사조 회장

시집 『달빛 삼킨 돌이 걷는다』 외 공저 다수

초충화(草蟲畫)* 외 7편

導畇 이 상 호

길고 긴 겨울밤에
분분설(粉粉雪) 꽃이 피네
가슴에 얹힌 체증
속앓이 바위덩이
수묵(水墨)에 의지한 인생 초충도야 나르샤

새벽은 칠흑이고
이 밤이 대낮이네
지향할 일편단심
먹물에 석채(石彩) 입혀
벌 나비 옷을 입히니
찾아 쪼는 참새 떼

* 초충화(草蟲畫) : 신사임당 초충도 내용.

꽃 중의 꽃

팔도에 피고 지는
수많은 꽃들 중에
두 눈을 크게 떠도
못 보는 미시적 꽃
행복과 평화, 희망의
데이지 꽃 피어라

하늘은 꽃 전시관
수없는 별꽃세상
철따라 피고 지는
지구의 꽃들보다
은하수 강가의 꽃들
피고 핀다

피안(彼岸)

새하얀 쾌속 구름
떠나자 나온 힐즈
고조선 환단고기
벌떡 선 삼족오여
위대한 백두산 천지
잊지 말자 동이족

창공에 비친 그림
꼬꼬지 미래에도
꽃들은 옷을 걸쳐
바람과 세상 구경
꿈에 본 은하수 강가
띄워 놓은 시어들

초야와 섞인 육신
두 별(仙, 聖)은 두보, 이백
술잔에 별과 달을
섞어서 마신 후대
니체는 "신은 죽었다"
외쳐대며 떠났네

이런들 어떠하고
저래도 창작하세
혼과 백 벽을 넘어
날아 봐 나빌레라
생명줄 시와 한잔 술
야우대상(夜雨對牀) 어디뇨

365

우주의 순환질서
공존의 규칙대로
한 바퀴 돌고 돌아
제자리 오는 날은
일 년을 뒤집어 봐도
변함없는 365

인간의 적정 체온
365 콩닥쿵덕
물에다 산소 섞어
낮아도 높아서도
분명히 아니 된다는
지키라는 365

빨라도 아니 되고
늦어도 아니 되는
꽃피고 나비 나는
바람과 물의 조화
미미한 미시적 세상
대단하다 365

돌고 돌아

우뚝이 솟아 버린
산이여 어디까지
오르고 싶은 거니
높으면 대장이냐
만물을 품고 덩치도
크다 하니 대장 해

바다는 일 년 내내
육지를 먹고 싶어
날마다 치근댄다
긴 설(舌)로 날름대지
큰 뱃속 품은 것 많은
욕심쟁이 바다여

갈매기 뚜루뚜뚜
날갯짓 힘들어라
단 하루 배 터지게
편하게 먹어 봤니
차린 것 다리 펴고서
먹는다면 돼지냐?

아니다 맞다 맞아
세상은 주인 없어
서로가 함께 사는
한집안 같은 가족
태양과 달님이 지켜
보는 지구 초록별

자연치유

태초의 인간들은
맨발로 생활했지
뛰면서 생식했지
태양의 에너지로
질병은 생겨나지도
아니한 채 살았지

문명이 발전되고
가축을 사육하니
먹거리 다양해져
늘어난 몸뚱이에
불에다 볶고 삶아서
온갖 음식 즐기네

세상에 볼 수 없는
수많은 질병들이
인간의 주변에만
생겨나 괴롭히네
본래의 자연식 습관
돌아가야 건강해

야생의 동물들은
아프면 입틀막 해
인간도 동물이니
따라 해 좋다 하니
장도 쉬어야 살지
음식 탐욕 버리세

강물의 노래

강물아 어디 가니
바람과 구름처럼
갈 곳이 없는 거니
산천을 휘감으며
민족의 통탄 지우려
씻고 씻고 또 씻뇨

통곡은 무엇인고
수천 년 고심 끝에
선악을 벗어 놓고
이제야 보여주네
한탄강 진실의 수는
꺼억 활짝 흐르네

아이슬란드

겨울은 오로라여
여름은 하얀 백야
사계절 변화무쌍
날씨는 따뜻하다
화산의 용암이 냇물
흘러가니 신비해

빛이여 아름다워
색색이 부서지는
오묘한 오로라여
태양이 뿜어내는
불꽃의 아이슬란드
동화 같은 나라여

시작노트

세상에 모든 일 쉬운 게 없는 법
노력의 대가만큼 주어지는 우리의 삶

쓴맛을 고통을 알아야
단맛의 정겨움을 알 수 있듯
글쟁이다운 마음 자세로
시 창작 열심히 습작하고 퇴고하는
동행의 손잡는 시인의 바다

알찬 내 삶의 소용돌이 속에서
아름다운 미래를 위하여
고운 시상을 펼쳐 보리라.

청송 이정석

『문예사조』 시 부문 등단(2006년)

자랑스런 한국인 문학 부문 대상 수상(2010년)

청소년신문 청소년지도자 문학 부문 대상 수상(2018년)

물향기문학상 아름다운 시인상 수상

삼일절기념 및 8.15 광복절기념 삼행시 문학상 대상 수상(2023년)

저서 『내 허락 없이 아프지도 마』 『육필시집』(동인지) 외 다수

한국서정가곡 제9집 제12집 「물의 여행」 「시간」 작시가곡 발표

월요일 외 7편

청송 이 정 석

주말이고
휴일이라고
부어라 마셔라 하며
자기네들끼리 양껏 놀다
출근해서는
왜 월요일이냐고
나에게 욕을 한다

나는 잘못한 것도 없이
배부르게 욕만 먹는 날이다

나도 이젠 개명을 할 때가 온 것 같다
금요일로 개명을 해서
모든 직장인의 사랑을 받고 싶다

월요일
진실로 아름답게 출발하는
근로의 신성한 날로
사랑받으며 살고 싶어라.

풀꽃 얕보지 마라

보잘 것 없는 풀꽃이라고
얕보지 말 일이다

사람은 한 번 왔다가
이 세상 떠나면 그만이지만
풀꽃은 올해 피었다 져도
내년에 다시 피지 않던가

오늘도
만물의 영장이라고
큰소리 탕탕 치며 살지만
자연재해 이기지 못하고
지지 않던가

어찌 보면
풀꽃보다 나약한 인생살이

한낱
풀꽃이라고 무시하며
얕보지 말 일이다.

워낭소리

고향에도 봄은 찾아와
개나리랑 진달래꽃도 변함없이
어여쁜 꽃망울 터트렸네

대문 앞 멍멍이 소리는
예전과 같건만
외양간 워낭 소리 들리지 않는 고향집

언제부터였는지
논밭 가는 워낭 소린 사라지고
트랙터의 광음 소리 귀청만을
요란하게 울리는 고향 산천

아 옛날 동심이 그립구나
아지랑이 사이로 들려오던
아버지의 쟁기질 워낭 소리
그리워
두 눈을 지그시 감아보는
내 고향 깊어만 가는 봄날이어라.

빈 깡통

빈 깡통 요란 떤다고 얕보며
함부로 쭈그러트리며 무시하지 마라

인생은
반드시 비워야 채울 수 있다는 걸
왜들 모르고 사시나

오늘은 비록 빈 깡통으로 만날지라도
재활용으로 변신한 내일에는
알찬 희망 이야기 가득 안고
다시 만날 수 있음을 알고 살아가자

우리는 서로의 욕심만을 채우며 살아가지만
빈 깡통은 비움으로써 행복을 얻는 걸 알고 있다

내가 먼저 비우고 채워서 나눔하는
손잡는 아름다운 동행 속에
참다운 내일의 삶을 펼쳐 보세.

대나무

속이 비어 배고파도
채우려는 욕심이 없이
오직 마디의 뚝심으로 살아온 너

청백리 원천의 힘
곧추선 너의 기백
꺾을 수 없는 나이기에
너를 우러러 보며 산다네

빈속을 채우지 못한 채
네 몸이 만신창이로 쪼개져도
하늘을 우러러
부끄럼 없이 당당한 너

너의 푸른 잎 결기에 기대어
영원히 응원하며 살리라
내 사랑 대나무여.

호박

우리 어머님 깊은 구덩이 파고
호박씨를 심으셨네
그것도 자식처럼 잘 길러
호박꽃이 필 때쯤이면
미운 놈 떡 하나 더 준다고
거름 한 삽 더 퍼주며 길렀네

비바람 이기며 슬금슬금 자라
남의 땅에 새끼를 많이 쳐서
애호박으로 은혜에 보답하네

하나는 계속 몸집을 불려
가을 햇살 아래 배 쑥 내미니
고놈 맛나게 생겼다 침 흘리네

크게 잘 익은 호박 우리 집에 와서
큰 거실을 차지해서
우리 엄마처럼 모시고 산다네

사랑의 맛

사랑의 시작은 달다고 하지만
쓴맛의 커피를 마시며
시작이 되더라

쓴맛의 커피에 설탕과 프림을 넣어
서로의 입맛에 맞춰 가며
사랑은 커져 가더라

사랑은
두 마음이 한마음 되어
고운 대화의 하모니가 시작될 때
달콤한 맛의 향기가 정겨움을 증폭시키더라

입맛의 달달함으로 동행할 때
행복한 음률을 번지는 게
사랑의 진맛이더라

사랑의 쓴맛부터 안 우리는
달달한 맛의 우리 사랑 이야기는
오늘도 내일도 계속되리라.

붓글씨

백지에 머리 풀어
오가며 쓰는 글씨

먹물 힘 능력 발휘
창작된 서예 정서

거꾸로
뒤집는 세상
바로 쓰고 살련다.

시작노트

요양원에 계시는 어머니께 문안 인사를 갔다

못 뵌 사이 많이 수척해져 마음이 아팠다

코로나가 한창일 때 감염돼 입을 크게 벌릴 수가 없게 됐다

틀니를 사용할 수 없어 죽만 드신 것이다

또한 걷지도 못하니 근육이 모두 퇴화하고 뼈만 남았다

나의 문장력도 어머니 모습과 같다

천고마비의 계절인 만큼 말도 살찌고

나의 행간도 블링블링하게 살이 쪄야겠다

펜을 열심히 갈고 닦아야겠다는 생각을 지울 수가 없다

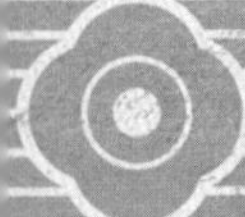

허 문 규

『다시올문학』 등단

한국바다문인협회 회원

한국문인협회 부천지부 회원

시집 『별의 유전자』

동인지 『꽃이 진다고요?』 외 다수

어머니 외 7편

허 문 규

둥지를 떠난 새끼는
다시 그 둥지를 찾아와
둥지를 틀지 않는다
어미 새는 새끼가 떠나갈 때
잠시 눈시울을 적실 뿐
새끼가 둥지를 틀어도
그 둥지에 찾아가
살 한 조각 맡기지 않는다
어머니는 늙어서도 품으려 하고
아들이 출가한 뒤
빈집 증후군으로 힘들어 하며
언제 손을 놓을까
오랜 시간 고뇌로 보낸다
장마철 어미 새와 어머니는
축 처진 날개와 어깨에
빗물이 젖어 몰골이 말이 아니다
둥지에 앉은 어미 새는
젖은 기침 몇 번 쿨럭이고는
조용히 눈을 감는다
하지만 어머니는
쉬이 눈을 감지 못한다

청포도 알처럼

생각 없이 살다가
가둬 놓은 햇빛을 풀어
놓으니 잘도 자란다
가끔은 방황도 하고
눈물까지 흘리며
아픔을 겪었지만 오롯이
너를 사랑하기 때문에
견뎌낼 수 있었다
순정에 대한 애틋함은
고통과 기쁨으로 응축되어
실하게 영글어 가고
가장 순수한 마음으로
살 오른 시어가
가슴에 주렁주렁 달린다

소매물도의 등대 섬

뱃길에 찢어지는 바다의
흰 속살을 바라보다
족쇄로 연결된 섬들이 줄줄이
끌려오는 광경까지 보게 된다
눈먼 이의 흰 지팡이처럼 우뚝 선
등대를 보기 위해 건너야 하는
바닷길은 밀물과 썰물 때
섬을 낳고 그 섬을 잡아먹기를
반복으로 연출한다
먹고 먹히는 전쟁 속에서
넘어지고 쓰러질까 두려운 마음에
조심조심 건널 수밖에 없다
파도의 하얀 울음 사이로
수채화처럼 떠 있는 섬
애 낳을 때처럼
통증 섞인 비린내로 섬을
무장무장 키워내고 있다

마음, 취급주의

보이지 않지만 보이고
잡히지는 않지만 잡힌다
예쁜 생각에 예뻐지고
미운 생각에 황폐해진다
따뜻하다가도 차갑고
차갑다가도 따뜻하다
웅덩이 속에 바다가 있고
바다 속에 웅덩이가 있다
채울수록 허기가 지고
비울수록 채워진다
바람처럼 멀어지다가
밀물처럼 가까워진다
세상을 다 속일 수는 있어도
자신만은 속일 수 없다
좋은 생각을 심으면
싱싱한 열매가 달리고
기름진 책 고랑을 파면
영혼에 풍요가 깃든다

산딸기 처녀

푸른빛 머리띠를 두른 산골 처녀의
아찔한 유혹에 산길을 따라 올라가니
하늘만 빠끔히 바라보이는
산속에 살고 있다
그녀는 있는 듯 없는 듯 산에 묻혀 살며
이슬 머금은 미소로
날마다 싱그런 아침을 연다
초연히 얼굴을 들어 빨간 립스틱을 칠하고
부끄러운 듯 이파리 뒤에 숨어
맑은 눈만 껌뻑거린다
산기슭의 친구들과 어울려 살면서
문명을 비켜선 산처녀
그녀의 청아한 모습은 마음을 사로잡는다
노을이 아롱질 때면 빛은 더욱더 깊어
보석같이 반짝이고 오동통 살이 오르면
그녀의 유혹에 어지럽도록 아찔하다
헛헛한 가슴에 너를 향한 마음은

단비를 만난 듯 반갑고 너의 향기 때문에
어머니의 향수와 고향이 절로 생각난다
너는 누구를 위해 그렇게도 뜨겁게
송이송이 타오르느냐

별의별 꿈

어둠은 별을 낳고
어두운 사람에겐 별이 뜬다
별은 항상 그 자리에서
어둠에게 꿈을 밝히고
소원을 담은 별똥별은
획을 그으며
눈길을 사로잡는다
언제부턴가 타성으로부터
거스르려는 꿈을 갖고
벗어나려는 꿈을 꾸기도 한다
밝은 곳에서는
별이 빛나지 않는다
밝은 곳에 있는 사람은
별이 뜨지 않는다
어두운 사람일수록
별은 더 반짝인다
꿈이 다가오고 있다
어두운 사람의 가슴 속으로
달려오고 있는 중이다

무인도에 가고 싶다

바다를 떠나서
살 수 없는 섬이 있다
파도로 울타리를 치고
오롯이 슬픈 비밀을
간직한 채 앉아있다
문명이란 문명의
모든 혜택까지 포기한 무인도
오직 둘만이 죽도록 사랑하다
별이 되는 절대 사랑의
이상향인 섬
하지만 아무도 무인도에 갈
사람이 없다
그래서 무인도의 영혼은
광어의 눈망울처럼
깊은 아픔이 들어있다

나는 빗줄기가 되어

팔자걸음을 걷는 너를 따라
생각에 젖어 걷다가
마음마저 빠져든다
드디어 나는 비가 되어
대지의 등거리을 긁고 있다
허기를 달래느라
먼지까지 먹어 치우고
번지 점프를 즐기기도 한다
격한 입맞춤으로 꽃을 떨구고
머리에 꽃을 꽂고 행진을 한다
마라톤을 뛰는 날에는
감성이 이성을 잠재우고
오롯이 비가 되어 마실을 간다
세상의 온갖 슬픔을
바다로 흘려보내기도 하고
무차별 쏟아 부어
천 년 묵은 체증을 내린다
우울할 땐 까만빛이 되고

기쁠 땐 하얀빛이 된다
나의 몸짓이 잦아들어
사물이 보이기 시작하면
하늘 다리를 놓아 해를 품는다

시인의 바다 제21집 — 그리움 하나

한국바다문인협회

인쇄 1판 1쇄 2023년 11월 13일
발행 1판 1쇄 2023년 11월 20일

지 은 이 : 한국바다문인협회
펴 낸 이 : 김천우
펴 낸 곳 : 도서출판 천우
등　　록 : 1992. 2. 15. 제1-1307호
주　　소 : 서울시 성동구 무학봉28길 6 금용빌딩 2F
전　　화 : 02)2298-7661
팩　　스 : 02)2298-7665
http://cafe.naver.com/chunwu777
E-mail : cw7661@naver.com

ⓒ 한국바다문인협회, 2023.

값 10,000원

＊도서출판 천우와 저자의 서면 동의 없는 무단 전재 및 복제를 금합니다.
＊저자와의 협의에 따라 인지는 생략합니다.

ISBN 978-89-7954-911-9